这里是敦煌 ②

文小通 著
中采绘画 绘

文化发展出版社
Cultural Development Press

·北京·

目录

- 散花飞天的联欢晚会 05
- 石窟·形制 06
- 石窟·彩塑 08
- 石窟·壁画 10
- 石窟·颜料 12
- 天文·二十八宿 14
- 天文·敦煌星图 18
- 中医·四诊法 20
- 中医·方剂药草 22
- 中医·针灸外科 24
- 手工业·陶器 26

- 手工业·铜镜 28
- 手工业·玻璃 30
- 手工业·造纸 36
- 手工业·印刷术 38
- 手工业·琉璃 32
- 手工业·锻铁 34
- 手工业·酿酒 40
- 工程技术·造桥 44
- 工程技术·栈道 42
- 工程技术·造车 54
- 工程技术·造船 48
- 建筑·传统木结构 56
- 农具·曲辕犁 62
- 农具·三脚耧 桔槔 64
- 农具·连枷 碓 66
- 织造·印染 68

DUN

HUANG

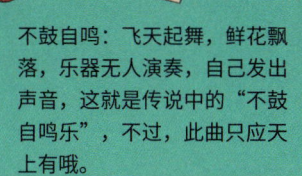

散花飞天的联欢晚会

不鼓自鸣：飞天起舞，鲜花飘落，乐器无人演奏，自己发出声音，这就是传说中的"不鼓自鸣乐"，不过，此曲只应天上有哦。

"我说，你怎么又要睡觉！"飞天冲着电神大声嚷道。

"人家是在沉思。"电神嘟嘟囔囔。

"沉思还打呼噜？"

"谁让你们的联欢晚会开这么长时间了。"电神在云朵上翻了个身。

"这是我们散花飞天的盛会，你看，多美呀。"飞天一边散花一边说。

"真的很美！可是，我已经连看三天三夜了……"

突然，一阵风吹来，大雨落下，花被吹打而散，电神也差点儿被吹落云头。

"呀，雨太大了，先躲躲吧。"飞天惊叫着。

"我们去石窟中躲躲吧，听人类说石窟的技术含量很高呢，正好了解一下。"另一个飞天说。

飞天们倏地飞走了。

"喂，怎么一下都走啦？等等我，等等我！"电神从云朵上爬起来，赶紧追了上去。

石窟·形制

敦煌这里是 世界文化遗产

我是一个匠人

我们是两个低调的匠人，在敦煌，像我们这样的人不计其数，我们没有在史书上留下名字，你可能觉得我们不值一提，但敦煌的辉煌里也有我们的汗水。就是我们这些默默无闻的匠人，才使莫高窟有了更多形制的洞窟。

历史学告诉你

印度的石窟，一般开在石质坚硬、适合雕刻的山崖上，装饰也很隆重，用于僧人修行。随着东西方文化交流，敦煌也出现了这样的石窟。

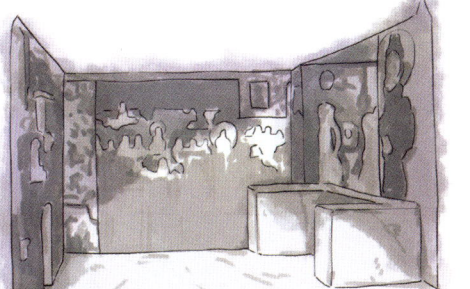

中心塔柱窟：绕着中间的这根方柱，就可以欣赏四周的雕像和壁画啦。

覆斗顶窟：瞧瞧顶部的形状，像不像一个倒扣下来的斗？是不是也很像华丽的大花伞呢？

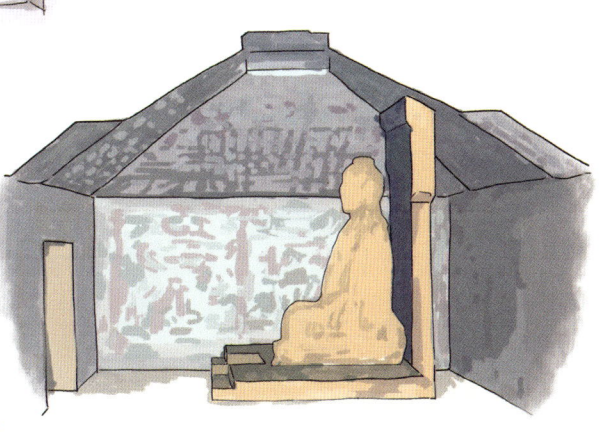

殿堂窟：就像一个佛殿，有一个佛坛，坛上有塑像，所以也叫佛坛窟。

禅窟：这是供僧人禅行的洞窟。一些僧人喜欢在离地面有一定距离的山洞里进行禅修。禅窟有单室的，有多室的，有的仅容一人盘坐。

这里是敦煌 世界文化遗产

石窟·彩塑

彩塑的发明

你一定无法想象，我们在工作时碰到了多少难题。由于敦煌的崖壁是砾岩，非常疏松，很难雕刻，不过，这难不倒我们，我们用彩塑解决了问题。

彩塑按制作方法可分为圆塑、浮塑和影塑等。

圆塑采用木架结构，一般用来制作主像。

浮塑浮凸出壁面，一般用来装饰。

影塑一般粘贴在壁上，用来衬托主像。

制作小型像时，先把木料削出大致的结构，再塑上一层薄薄的泥。

制作中型像时，先用木料搭出一个骨架，骨架用芨芨草或芦苇捆扎，然后再敷上泥。

制作大型像时，先在崖壁上雕刻出像的雏形，再插入木桩，最后敷上泥。

唐·卧佛·莫高窟第158窟

这里是敦煌 世界文化遗产

石窟·壁画

洞窟里的"黑板报"

在我们的匠人朋友中,有很多画匠,专门在洞里的墙壁上画画。你可能会疑惑,在粗糙不平的岩壁上怎么能画好呢?告诉你一个绝招:先做一个地仗层,作为大画板,然后就可以像你画板报一样画画了。

❶ 砾岩崖壁。
❷ 粗泥层:把沙土、麦秸(jiē)草、泥搅拌在一起,抹在洞壁上。
❸ 细泥层:从宕泉河的河床取来澄板土,加入麻丝、麦秸、蛋清、米汁等,涂在粗泥层上,使之不易裂开。
❹ 地仗层:把高岭土、石灰或石膏涂在细泥层上,地仗层就做好了。

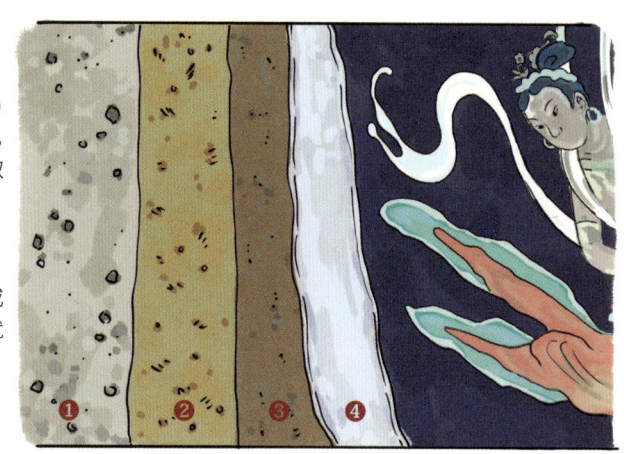

唐·花鸟纹饰·莫高窟第196窟

粉本法

地仗层做好后，就可以画画了。绘制壁画有3个基本步骤：起稿、上色、勾线。有时，我的画匠朋友会直接起稿，有时用粉本法。直接起稿就是直接在墙上绘画。勾画时，要做好符号标记，以便接下来能根据这些符号来上色。

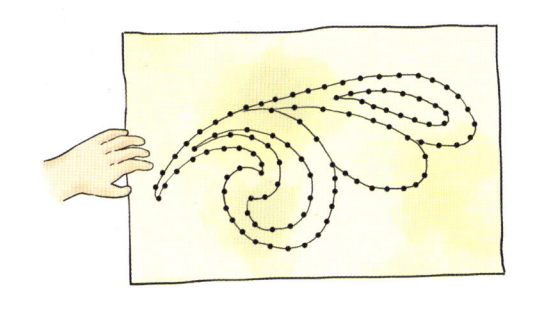

准备一张厚纸或羊皮，画好图形，然后沿着线条扎出连着的小孔。

准备一个装有彩色颜料的小布包，然后，把纸贴在墙壁上，用布包轻轻拍打，颜料就会留在墙壁上。

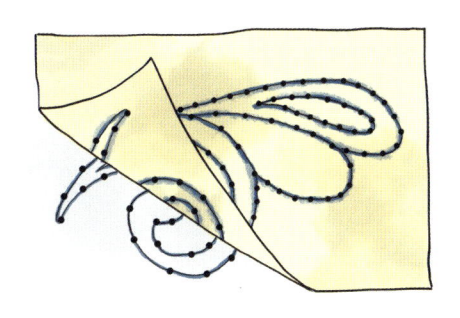

取下纸，墙壁上也留下了有颜色的点，把这些小点勾画成线，图形就出现了。

宋·赴会菩萨·榆林窟第17窟

这里是敦煌 世界文化遗产

石窟·颜料

用什么颜料

画好了图像后,就差为它"穿"一件漂亮的"衣裳"了——上色。你可能会说,古代能有什么颜料呢?实际上,古代不仅有矿物颜料,还有动物颜料、植物颜料、人工合成的颜料。

朱砂、红蓝花: 朱砂是一种矿石,磨成粉末可做红色颜料;红蓝花是植物,能做成胭脂,画出红色。

墨: 用炭黑、皮胶和香料制成,是画黑色的"老大"。

藤黄: 颜料藤黄来自藤黄的树脂,能被研磨成明艳的黄色颜料。矿石雌黄也能被制成黄色颜料。

青金石: 一种矿石,磨碎后,能调出蓝色,因"色相如天",青金石色也叫帝青色、宝青色。它只出产于阿富汗等少数几个国家,敦煌所用青金石大概是从阿富汗、印度等国传入的。

孔雀石： 一种矿石，用它的粉末能调出生机勃勃的绿色。

贝壳粉： 把贝壳磨成粉末，也能做成颜料，很有光泽感。

铅白： 一种人工合成的白色颜料，时间长了，会发生化学反应，变成黑色。矿石云母也能做白色颜料，还闪闪发光呢。

矿物颜料来源于天然矿石，天然矿石经过上万年才形成，性质稳定，很久都不会变色。动物颜料、植物颜料和人工合成的颜料容易褪色和变色。敦煌壁画上的黑色多为含铅颜料变色的结果。比如，铅白中就含铅，时间久了，会使一些飞天的脸或身体等部位变黑，而使用了石绿等矿物颜料的山水等图案却依然鲜艳。一些红色颜料中，也包含容易变色的成分，在一定湿度下，或在紫外光照射下，也会发生变色，由红变黑。

敦煌壁画和彩塑中，用了红、蓝、绿、棕黑、白等30多种颜色，红色用得最多，其中，土红色最多见。土红色是从河西走廊出产的赤铁矿中制得的。

唐·金刚手菩萨立像·莫高窟第17窟藏经洞帛画·现藏大英博物馆

天文·二十八宿

这里是敦煌 世界文化遗产

我是一个太史令

我叫李淳风,就职于大唐王朝太史局,负责掌测天文历法。我对敦煌石窟的科技不太感兴趣,因为我是一位天文学家,是世界上第一个给风定级的人,也是世界上第一个撰写气象专著的人,所以我更关注敦煌壁画上呈现的天文学知识。

来自星星的神

我时常想,在晴朗的夜晚,漫天闪烁着星星,有多少人在仰望星空,睁大了好奇的眼睛呢?神秘的星空令人心驰神往,我从少年时代就开始探索星辰的运行。

右图中炽盛光佛坐于车上,周围有星神簇拥,画面上部彩云中有二十八宿神像、黄道十二宫。

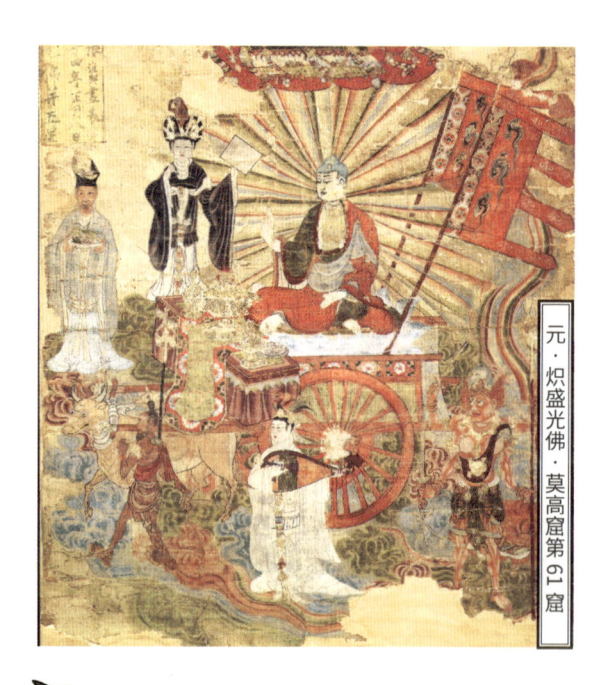

元·炽盛光佛·莫高窟第61窟

在古代，像我这样的职业天文学家很多，当然也有很多业余爱好者，大家仅凭肉眼观测夜空，由于观测到的星星很多，便划分了星区，把黄道附近分成28个区域，这就是二十八星宿。每一个星宿都是一个神。

神和神兽

按照东南西北4个方位，二十八星宿又被分成4组，各由一只神兽镇守。4只神兽都是哪几位呢？它们就是青龙、朱雀、白虎、玄武。

嗨，我是昴星神，有时我是昴日鸡的形象。《西游记》里的昴日星官是一只威武雄壮的大公鸡。

《西游记》里曾帮助孙悟空捉拿犀牛精的四木禽星，分别是二十八星宿中的角木蛟、斗木獬、奎木狼和井木犴。

天文学告诉你

什么是黄道呢？当你站在地球上看太阳时，太阳在一年中所"走"过的路线，就是黄道。也就是说，黄道是一个假设出来的大圆圈。

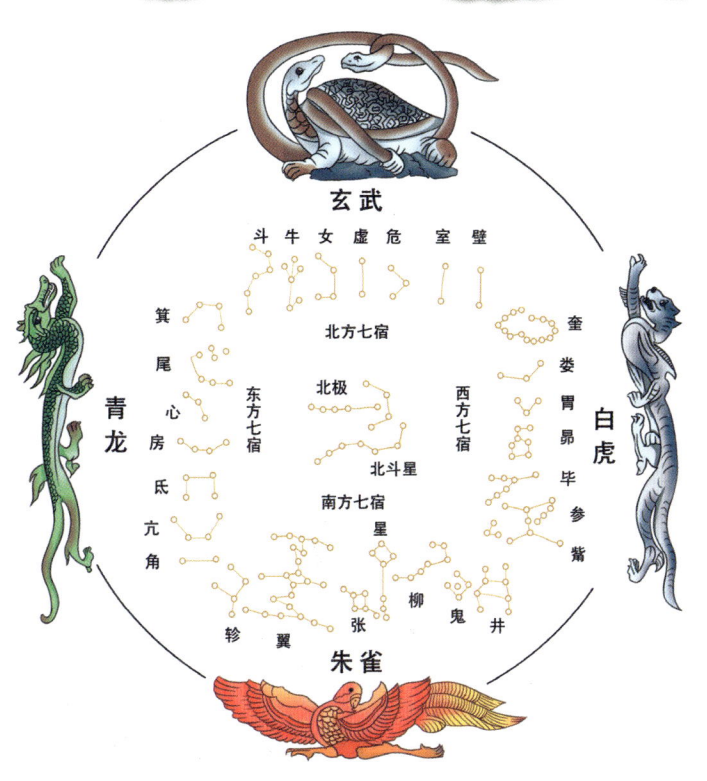

青龙、白虎、朱雀、玄武合称"四象"，也被称为"四灵""四神"。其实，它们是古人把4个方位的星象各自连起来，想象出的4种动物，东方的星象像一条龙，西方的星象像一只虎，南方的星象像一只大鸟，北方的星象像龟和蛇。

"进口"的十二宫

二十八星宿是我们中国自己的星象，十二宫是在隋朝时从印度传入的。敦煌人把二十八宿和十二宫画到了一起，堪称"混搭版"天文景观。

双子宫宫主

在西方：裸体。

在中国：按照礼仪穿戴中国服饰。

元·十二星宿及星座图·莫高窟第61窟

人马宫宫主

在西方：半人半马。

在中国：驭马的"骑手"。

神秘的"天空动物园"

十二宫就是黄道上被人为划分的12个区域，每个区域是一宫，宫和宫的大小是一样的，所以又叫黄道十二宫，也就是十二星座，每个星座上有一个动物神，宛如"天空动物园"。

十二宫的名字是借用附近星座的名字，与实际星座并不相同。

室女宫宫主

在西方：丰收女神。

在中国：女仆。

摩羯宫宫主

在西方：羊身鱼尾，或是长着翅膀和大象鼻子的鲸鱼。

在中国：龙首鱼身、长着翅膀的鲸鱼。

十二宫传入中国后，为了适应中国本土文化，一些"宫主"被打扮成了另一种模样，你可以来辨别一下。

天文·敦煌星图

这星是敦煌

世界文化遗产

天空大画布

有一件好玩的事你留意过没有？当你站在北半球仰望天空时，你只能看到北部的星空。和你一样，生活在北半球的我也只能看到这一部分星空。在唐朝时，有人在西安、洛阳一带把肉眼能看到的星星都画在图上，这就是敦煌星图。

星星的画法

电神戴着幞头——这是我们唐朝很抢手的帽子，置身星图。图中有黑点，有圆圈，有的圆圈还涂了黄色，这几种不同的画法，代表的是以往的人观测到的星星。

敦煌星图是目前世界上存留最早的星图，近 4 米长，画有 1350 多颗星星，包括肉眼很难观测到的星星，在没有天文望远镜的古代，这是不是很神奇？

唐·敦煌星图·现藏大英博物馆

電神

唉，又见到我了。

你拿箭射谁呢？

甘德： 战国时期齐国天文学家，编制了世界上最早的星表，发现了木卫三，敦煌星图上的黑点表示他观测到的星星。

石申： 战国时期魏国天文学家，后人把他与甘德的著作合称《甘石星经》，月球上一座环形山以他命名，敦煌星图上的圆圈表示他观测到的星星。

巫咸： 相传为商朝巫师，擅长占星术，敦煌星图上涂黄的圆圈表示他观测到的星星。

玉皇大帝住在哪里

敦煌星图上还画了紫微垣（yuán），紫微垣就是以北极为中心，将北极周围天空的星区想象成一片城垣。传说，有一位天帝，住在天宫里，天宫的名字就叫紫微垣，也叫紫宫。

紫禁城： 古时候，皇帝认为自己是天帝之子，自己居住的皇宫也可以叫紫宫；又因为皇宫戒备森严，禁止寻常人随便出入，所以也被称为紫禁城。

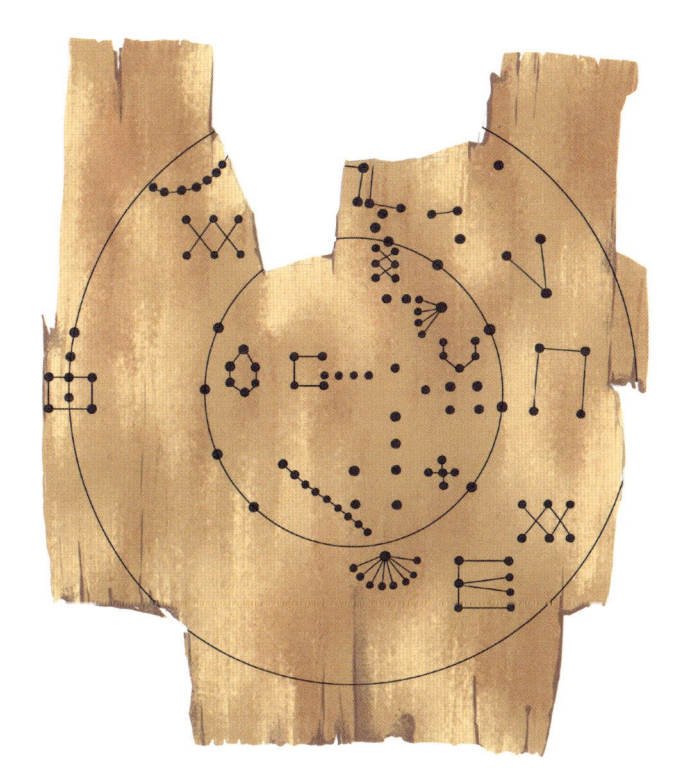

天文学告诉你

地球自转时，群星好像在围绕紫微垣转动。紫微垣中心有一颗很亮的星星，象征天帝，就是紫微星，也是你所熟悉的北极星。

中医·四诊法

这里是敦煌 世界文化遗产

我是一个药童

我是一个在尚药局当助手的少年,一位太医告老还乡后,我也跟着来到了太医的老家敦煌。太医心地善良,仍然四处给人治病,让我长了不少见识,我立志也要成为一个治病救人的医者。

望闻问切

古代没有体温计、听诊器之类的先进仪器,医生怎么了解病情呢?原来,我们有一套四诊法,通过望、闻、问、切来解决问题。

相传四诊法是春秋战国时的扁鹊总结出来的。一次,扁鹊见蔡桓公,说:"你的病到了皮肤。"蔡桓公不信。第二次,扁鹊说"病到了肌肉",蔡桓公还是不信。第三次,扁鹊说"病到肠胃了",蔡桓公不理。最后一次,扁鹊扭头就走,因为蔡桓公已病入膏肓,无药可救。不久,蔡桓公就病死了。

望：观察脸色、舌苔等。

闻：听声音，闻气味。

问：向病人和家人询问病史等。

切：切按脉搏，了解内在症状。

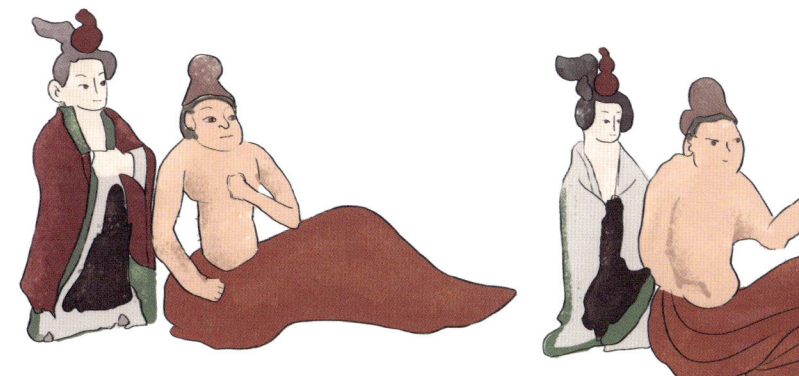

唐·得医图·敦煌第217窟

药童抱着药箱，紧跟在师傅身后。

大夫终于来了！他手拄拐杖，在侍女的引领下，走了过来。

婴儿生病了，两位妇人在厅堂里焦急地等候大夫上门。

病坊

以前，家里有人生病时，一般会请大夫到家里。在我们大唐王朝时，敦煌出现了病坊，类似于诊所或医院，病人可以去病坊看病，如果病情严重，还可以"住院"治疗。

这里是敦煌 世界文化遗产

中医·方剂药草

汤药

看病之后，一般会开药方，病人家属要根据药方去抓药，然后煎制成汤剂，给病人喝下。

耐心地扶着病人，让他半躺半坐。

拿着长柄勺，小心地给病人喂药。

应该是患了重病，不然怎么好多人围绕在身边？

他喝的不是汤药，是"方剂学"！

嗯！方剂里放什么药，放多少，怎么喝，都是学问。

中医学告诉你

方剂学：开方用药是一门很深的学问，有的药方里只需一味药，有的却需多味药，每种药都各司其职，相互配合，才能起到作用。

草药

如果你问,病人喝的药究竟是什么?我告诉你吧,可能是动物药,也可能是矿物药,但更多的是植物药,植物药属于本草学。

传说神农尝百草,是本草学的始祖人物。明朝时,李时珍撰写的52卷《本草纲目》,记载了1890多种药物,集本草之大成。

中医学告诉你

本草学:秦汉时,一些人寻求长生不老药,大量采摘、炮制草药,促进了本草学的诞生。

这里是敦煌 世界文化遗产

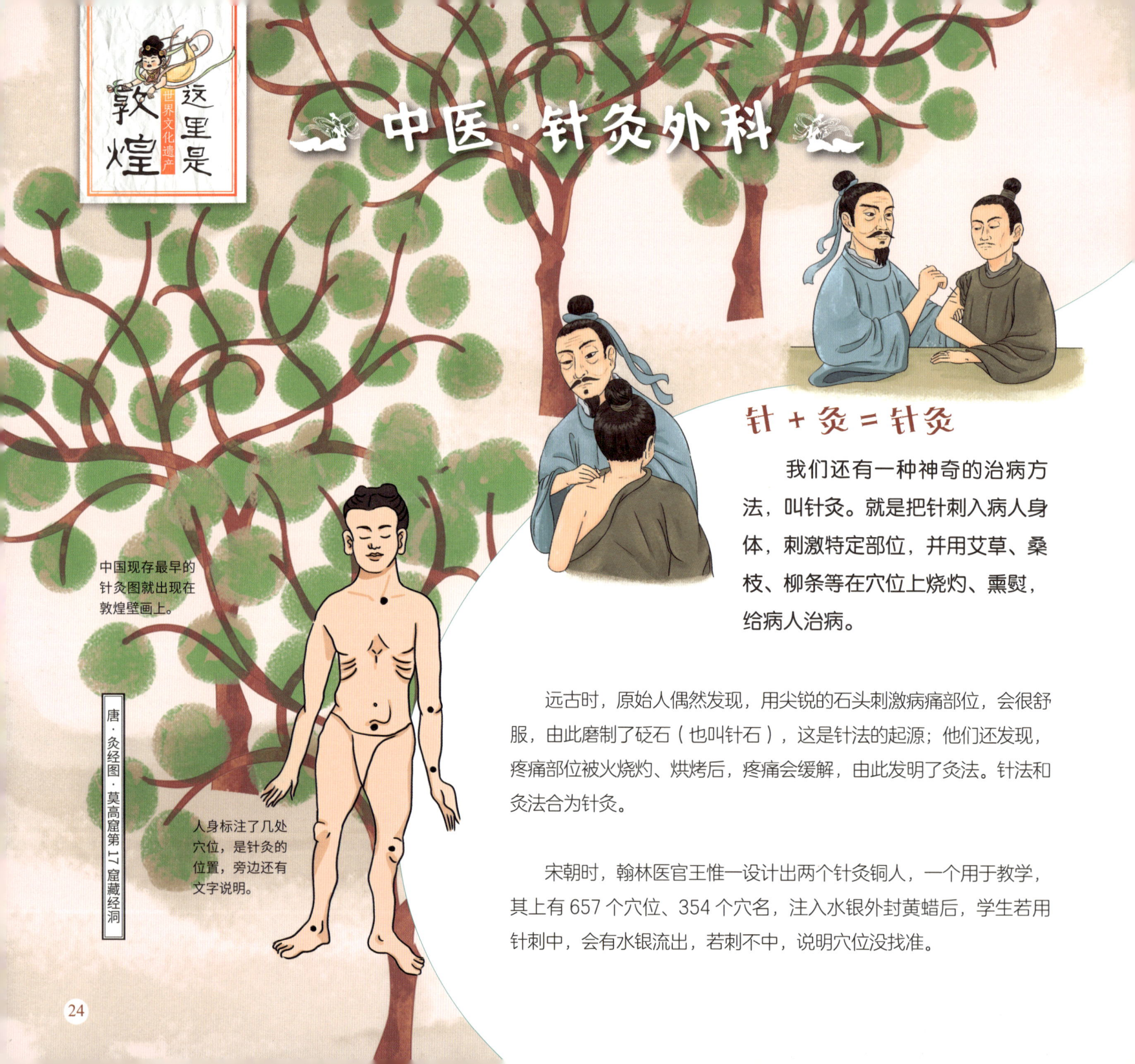

中医·针灸外科

中国现存最早的针灸图就出现在敦煌壁画上。

唐·灸经图·莫高窟第17窟藏经洞

人身标注了几处穴位,是针灸的位置,旁边还有文字说明。

针 + 灸 = 针灸

我们还有一种神奇的治病方法,叫针灸。就是把针刺入病人身体,刺激特定部位,并用艾草、桑枝、柳条等在穴位上烧灼、熏熨,给病人治病。

远古时,原始人偶然发现,用尖锐的石头刺激病痛部位,会很舒服,由此磨制了砭石(也叫针石),这是针法的起源;他们还发现,疼痛部位被火烧灼、烘烤后,疼痛会缓解,由此发明了灸法。针法和灸法合为针灸。

宋朝时,翰林医官王惟一设计出两个针灸铜人,一个用于教学,其上有657个穴位、354个穴名,注入水银外封黄蜡后,学生若用针刺中,会有水银流出,若刺不中,说明穴位没找准。

中医里的外科

你千万不要以为，中医只会治疗身体内部的疾病。其实，中医也有很多外科疗法。如果不小心骨折了，或关节脱位了，我们中医大夫也能治疗。

唐代有一位"正骨专家"，被称为蔺道人。一次，邻居彭姓老人的儿子不慎摔骨折，蔺道人先是摸清伤处，然后将骨头复位，又做了夹板固定，让骨头长好，彭姓老人的儿子才没有落下残疾。

中医学告诉你

日常生活中，因为跌打磕碰，人的关节和筋骨有时会受伤。正骨就是医生用一定的手法和药物使关节恢复原位。

医生很冷静，弯下腰，一手托着头颈，一手伸向下巴——准备正骨。

不要乱动！不要乱动啊！使劲儿拉住手臂……

下巴可能脱臼了，病人痛苦地挣扎，却说不出话……

手工业·陶器

敦煌这里是 世界文化遗产

我是一个陶匠

你喜欢玩泥巴吗？捏一只小兔子，造一匹小马驹，多开心！我也喜欢玩泥巴哦！我是一个制陶人，我的玩法和你不一样，我是用泥巴制作陶器。制陶要用黏土或陶土，不仅要捏出形状，还要高温烧制，这一点，原始人就懂得了。

化学告诉你

制陶为什么需要烧制？因为陶土中含有二氧化硅、硅酸盐，它们会在800℃~1100℃温度中发生反应，结成坚硬的晶体，这样陶坯才能被烧成陶器。

席地而坐，开始干活啦！

用脚拨动大轮子，一手扶着大陶坯，一手继续给陶坯修形，专心干活的样子真帅啊。

看这个大转盘，是不是很带劲？它叫陶轮，是用轮子做的。有了这个大转盘，制陶速度就快多啦！

我帮你想!

还有什么是陶器呢?我得想想。

你一定听过秦兵马俑,别看它们身高马大,其实也是一种陶器。

唐三彩也是一种陶器,它拥有黄、绿、白3种主要颜色,是一种流光溢彩的彩陶。

仿古"手工课"

如果你想拥有一只陶碗,就这样做吧。

取土:从河里取出来陶土。

炼泥:把陶土反复按压,除掉里面的空气和气泡。

制坯:用水打湿陶土,把它固定在陶轮中心;转动陶轮,把陶泥刮捏出碗的形状。

烧制:放进陶窑烧制两三个小时就可以了。

敦煌这里是世界文化遗产

手工业·铜镜

铜镜

我的匠人朋友里有一个是铸造青铜器的，会制作漂亮的青铜镜。铜镜就是我们日常打扮所用的镜子。

什么是鉴

原始时代，古人站在水边照影，用水当镜子。商周时期，古人把青铜鉴装上水，也能当镜子用，所以，镜子也叫"鉴"。唐太宗就曾说过："以铜为镜，可以正衣冠。"

新石器时代，甘肃省齐家坪遗址一带的原始人制出的铜镜，镜子背面还刻有花纹，十分精美，被称为"中华第一镜"。

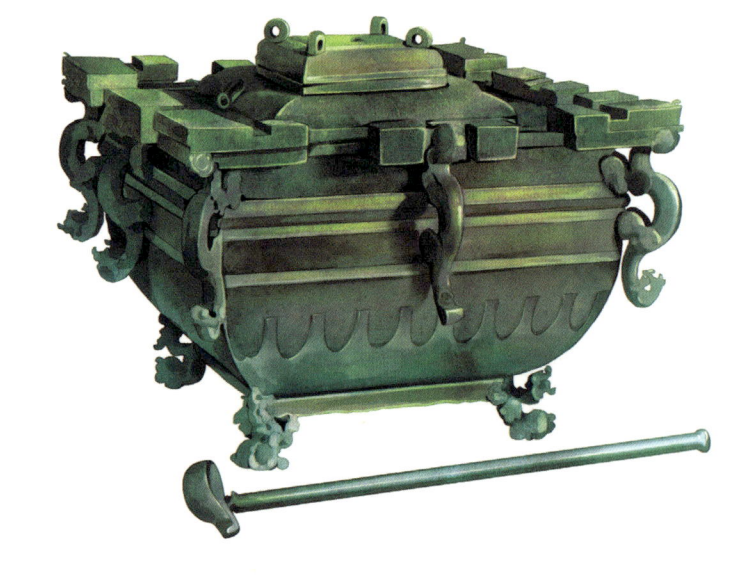

青铜鉴可以盛水，作为镜子用；可以盛冰，作为冰箱用；还可以沐浴洗澡，作为澡盆用……这么实用，你没想到吧？

铜镜的颜色

铜鉴之后，青铜镜独领风骚，直到明清时，才被玻璃镜挤下历史舞台。青铜是世界冶金铸造史上第一种合金，就是在铜里加入锡，降低熔点，还能保持硬度。在制作铜镜时，可以多加锡，这样一来，铜鉴就会发出白色光泽，才能当镜子。

随着锡含量的增多，铜镜的光泽会从青铜色变成赤黄色、橙黄色、淡黄色。当青铜中锡占 30%～40%，铜镜光泽就会变为灰白色。

铜镜铜镜，谁是世界上最帅的神？

……

什么是"四气"

熔铸铜镜时，必须要等"四气"挥发过了，才能铸出好镜子。四气依次是黑浊之气、黄白之气、青白之气、青气。

"四气"符合科学原理，黑浊之气是指不纯物质的挥发，黄白之气是指锡熔化挥发，青气是指铜熔化挥发。

物理学告诉你

青铜能和水一样热胀冷缩，这是它的一个特点。

手工业·玻璃

玻璃

虽然我是一个陶匠,但我的邻居是玻璃匠,所以我对制作玻璃也有一些了解。你可能觉得玻璃太稀松平常了,但在我们那个年代,玻璃是一种非常珍贵的奢侈品。

"吹"出来的玻璃

到了汉朝,丝绸之路开通了,古罗马、古波斯的玻璃器皿传入中原,来换取中原昂贵的瓷器和丝绸。南北朝时,古人掌握了玻璃的吹制技术,进口的玻璃器皿便少了。

蜻蜓眼

早在3000多年前,春秋战国时期,古人在制造陶瓷时偶然得到了玻璃,多为玻璃管、玻璃珠,虽然小小的,却是珍稀宝贝,只有诸侯王、贵族等才能拥有。战国后期,出现了彩色镶嵌的玻璃珠,像蜻蜓的复眼一样,因此这种玻璃制品被称为蜻蜓眼。

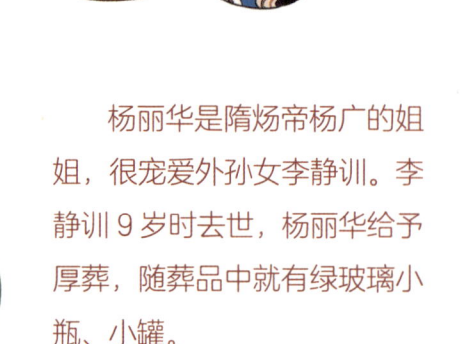

杨丽华是隋炀帝杨广的姐姐,很宠爱外孙女李静训。李静训9岁时去世,杨丽华给予厚葬,随葬品中就有绿玻璃小瓶、小罐。

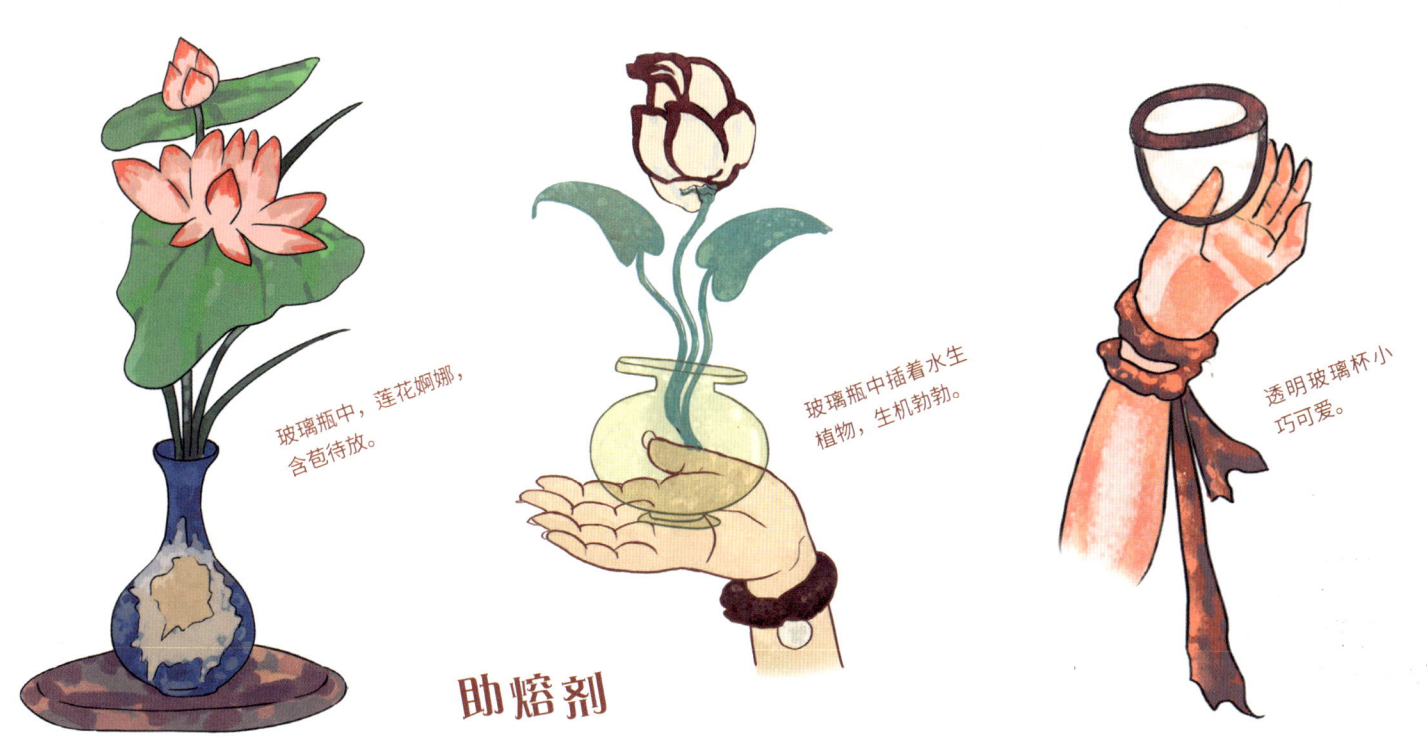

玻璃瓶中，莲花婀娜，含苞待放。

玻璃瓶中插着水生植物，生机勃勃。

透明玻璃杯小巧可爱。

助熔剂

用什么制造玻璃呢？主要原料是石英砂。不过，石英砂要1700多摄氏度才能熔化，这样的高温很难达到。于是，有人想了个办法，加入助熔剂，降低熔点就可以了。助熔剂都有什么呢？就是纯碱、草木灰、铅丹一类的东西。

纯碱　草木灰　铅丹

稳定剂

光有助熔剂还不够，还要加入稳定剂。石灰石就是不错的稳定剂。

石灰石

化学告诉你

很多矿石都属于晶体，但玻璃不是。晶体有固定的熔点，温度达到熔点时，其分子结构就会发生变化。玻璃没有固定的熔点，温度上升后，分子结构没什么改变，是固态、液态、气态之外的形态。

手工业·琉璃

琉璃

有一种东西和玻璃只差一个字，你能想到是什么吗？是的，就是琉璃。在名著《西游记》中，天上有一位卷帘大将，因不小心摔坏了一只琉璃盏，就被贬下了凡间，成为河妖沙和尚。这个小故事说明，琉璃很珍贵。

琉璃的名字

琉璃到底是什么时候出现的呢？相传在春秋时期，越国相国范蠡(lí)在铸造青铜器时，意外得到一种副产品——一块宝石，被越王赐名为"蠡"。范蠡把宝石送给西施，西施去吴国时，眼泪滴在石上，点点泪珠顿时流光溢彩，后世便称这种宝石为"流蠡"，时间久了，就谐音为"琉璃"。不过，关于琉璃的正式记载，出现在唐朝。

"琉璃"为梵语，中原人叫它流离、璧琉璃等，因它光彩纷繁、陆离，也叫五色石。

"流"出来的琉璃

琉璃不是天然的，需要在1000多摄氏度的高温下烧制，使它含有的二氧化硅像糖浆一样自由流动，等降温后，就能形成各种形状。

听说过琉璃灯吗？现在见到本尊啦。

琉璃为佛家七宝之一，经书有言：愿来生身如琉璃，内外明澈。

要技术，也要运气

制造琉璃需要极高的技术，也需要运气。因为需要十多道工序，每一道都很"危险"，比如，琉璃各部分的厚度不一样，膨胀程度也不一样，冷却时，有的位置极易碎裂。

没有一模一样的琉璃

琉璃液是流动的，流动出的形状都不一样，所以，世界上没有两件一模一样的琉璃器，每一件都是独一无二的。

制造琉璃时加入不同的氧化物，会呈现不同的色彩。加入氧化钴，会呈现蓝色；加入二氧化锰，会呈现紫色；加入重铬（gè）酸钾，会呈现绿色；加入氧化钛、氧化铈，会呈现黄色。

琉璃在古代为皇室专用，对使用者有严格的等级要求。在明清的紫禁城（今故宫）中，黄色琉璃瓦为皇帝专用或用于重要宫殿，比如太和殿；绿色琉璃瓦用于皇子皇孙的居所；黑色琉璃瓦用于仓库，如藏书的文渊阁；彩色琉璃瓦用于装饰物，如九龙壁。

重檐楼宇上，铺着绿色琉璃瓦，明艳瑰丽。

手工业·锻铁

这里是敦煌 世界文化遗产

我是一个铁匠

我是一个高级铁匠，为什么高级呢？因为我技术娴熟，在锻铁界名声响当当，一提起我，没人不竖起大拇指。现在就来介绍一下我的专业吧。

打铁为什么要趁热

什么是锻铁呢？你听过"趁热打铁"这个成语吧？就是把一块脆硬的生铁烧红，烧去部分的碳，然后快速取出，用铁锤击打，生铁就变成熟铁。熟铁很软，可以拉成丝，你想不到吧？

这个西夏人双手举起锤子，在铁墩上锻打。

历史学告诉你

最早的鼓风工具是皮囊。古人用牛皮等制成一个大口袋,也叫皮囊,囊两端细,中间凸起,鼓动它,空气进入囊,压缩它,空气进入输风管,再进入冶炼炉,让燃料燃烧更旺。这叫皮囊鼓风。

老子在《道德经》里把天地比作一个大皮囊,"天地之间,其犹橐籥(tuó yuè)乎,虚而不屈,动而愈出"。橐是风袋的意思,籥在此借喻输风管。虽然橐中间空空如也,但只要拉动它,风就会不断地吹出来。

除了皮囊鼓风,还有马排、水排、木扇、双动活塞式风箱等,它们使冶铁技术提高,对2000多年的铁器文明而言,功不可没。

风箱是古代鼓风工具之一,通过拉杆的推动不断鼓风,把氧气输入炼铁炉中,使火力旺盛。

这个西夏人左手拿着锤子,右手握着钳子,夹住铁块。

这个西夏人坐在方石上,在他前方竖着高大的立柜式风箱,他一手拉动风箱,一手给炉火添柴。

西夏·打铁图·榆林窟第3窟

敦煌壁画的风神也有一个大皮囊!传说有两位神比试本领,其中一位使狂风咆哮而来,吹得万物东倒西歪,另一位被吹得满地乱滚,就连抱着鼓满风的大皮囊旁观的风伯,都缩手缩脚,放不出风了。

手工业·造纸

这里是敦煌 世界文化遗产

> 我是一个纸匠

我是一个造纸的匠人，我的日常工作就是提取植物纤维，用它造纸。很多植物都是做纸的原料，比如麻类植物、藤类植物、木芙蓉，还有楮树皮、桑树皮、青檀树皮等，它们的韧皮纤维交错均匀，能造出柔、韧、薄的好纸。

纸没有被发明出来之前，古人的书写材料千奇百怪！他们会把字写在石头、龟甲、青铜器、木片、竹片、绢帛上。想要写一本书，或读一本书，都万分艰难。西汉史学家司马迁写的《史记》，共52万字，用了2万片竹简！房子如果不够大，都没法放下一部书。

甲骨文　钟鼎文　简牍　绢帛

纸到底是什么时候发明的

西汉时，已经发明出了纸，只不过，这纸跟树皮差不多，实在太粗糙了！后来有了蚕丝制成的纸，又很贵，好在东汉宦官蔡伦用树皮、破麻头儿、破布、渔网等改良了造纸术，造出了光滑轻薄、便宜的纸。

敦煌古纸，来自西汉的千年古麻纸，是一个西汉人写的信。

纸的花样年华

到了唐宋时，纸已经种类繁多，花样翻新。不仅有麻纸、竹纸，还有各种皮纸。

敦煌藏经洞是世界上第一大古纸标本宝库，保存了几万件古写本和印刷品。因封闭在石窟中近千年，未被阳光、空气、水分、细菌、蛀虫等侵蚀，保存完好。

仿古"手工课"

如果你想拥有一张麻纸，可以这样做。

切麻、浸灰水： 把树皮、麻料等泡软，切碎，放进石灰水中泡烂，让植物纤维更快分解。

蒸煮、舂捣： 蒸煮原料，让植物纤维更分散；再把原料放入容器中，捣成泥糊状。

打浆： 在原料中加水，使植物纤维彻底分离，成为纸浆。

抄纸、晒纸： 将纸浆倒入纸槽，用细竹帘在纸浆中滤取，这样纸纤维就会在竹帘上形成一层纸膜；将纸膜晾晒或烘烤干，就能揭下来，纸便做好了。

这里是敦煌 世界文化遗产

手工业·印刷术

印刷术

有了纸，印刷术也慢慢问世了。你玩过印章吗？如果你曾用橡皮之类的材料刻过印章，蘸上印泥后，往纸上一按，就能印出文字或图案了。如果你这样玩过，那么你就掌握了古代印刷术的奥秘了！

把颜料涂在树叶上，也能"印刷"出一模一样的树叶哦。

雕版印刷

在隋唐以前的上千年中，书都是一字一字手抄的，速度极慢，还容易出错。唐朝时，雕版印刷术发明了，书可以批量复制了，知识也迅猛地传播开了。

雕版印刷术的灵感来源于拓（tà）印。拓印就是把浸湿的纸贴在碑面上，轻轻拍打，然后待纸张干燥后涂上墨，碑上的字就"搬"到纸上了。

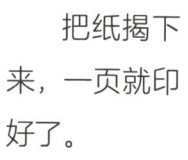

仿古"手工课"

想用雕版印刷术印一本书吗？动手吧！

先把有字的薄而近乎透明的纸正面与木板相贴，把字刻下来，字凸出来，是反体，这就是雕版。

在刻好的版上刷上墨。

把纸盖在版上，用刷子轻轻刷。

把纸揭下来，一页就印好了。

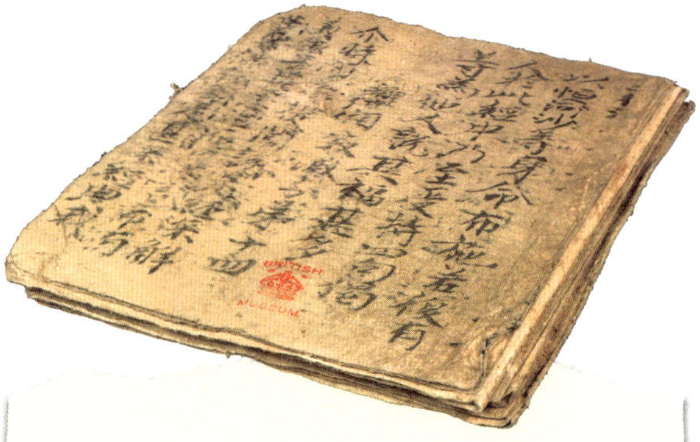

活字印刷

用雕版技术印书，一本书要刻很多木版，费时费力，还占地方。印刷时，错字很难更改，印完后，木版几乎没用了。宋朝时，刻字工毕昇经过一番试验，发明了活字，字可以任意组合，反复使用。这就是活字印刷术。

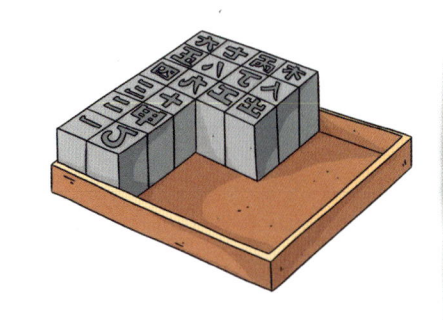

敦煌刻本《金刚般若波罗蜜经》（简称《金刚经》）是世界上第一个雕版印刷品，字迹清晰，人物栩栩如生，衣褶都一丝不苟，为唐代人所印；清末，此版被英国人斯坦因从王道士手中骗走，现藏于大英博物馆。

历史学告诉你

大约在元朝时，印刷术沿着丝绸之路传到欧洲。约明朝时，德国人谷登堡受到启发，发明了金属活字，以及油墨、木制印刷机，使知识在全世界快速传播。

最初，毕昇做了一些木活字，但木头遇水膨胀，字会凹凸不平，他便用有黏性的胶泥做了泥活字。

元代时，王祯解决了木头膨胀的问题，制作了三万多个木活字，又发明了拣字轮盘：把木活字按内容顺序放在盘上，每个字对应一个号码，制版时，一人报号，一人转动轮盘取字，速度极快。

敦煌回鹘文木活字

手工业·酿酒

这里是敦煌 世界文化遗产

> 我是一个学徒

我是一个在酒肆里干杂活的人，最常干的活就是酿酒。酒在史前时代就出现了。传说，黄帝时代，大臣杜康把粮食倒入树洞里储藏，过了很久，树洞里流出一种液体，山羊、野猪、兔子等喝了后，东倒西歪躺在地上，这种液体就是酒的雏形。那时候的酒，还是半流质的，不是喝的，是吃的。

7000多年前，河南省贾湖村一带的原始人已经开始用稻米、蜂蜜、山楂、葡萄、草药等酿酒，是世界上最早的。

葡萄　山楂　稻米　蜂蜜　草药

商朝时，酿酒技术大爆发。周灭商后，认为商人沉溺喝酒而亡国，特意发了一道禁酒令，但酿酒的脚步根本无法阻挡。

酒的灵魂

起先，酿酒时，要放入蘖（niè），蘖是指发芽的谷物，能让谷物加速变成酒。后来，蘖被曲取代了，曲是发霉的谷物，比蘖更好用。

微生物学告诉你

酒曲里生长着密密麻麻的微生物，还有微生物分泌的酶，酶能催化谷物里的淀粉，快速转变成糖、氨基酸。酵母菌的酶又使糖快速分解成酒。

蒸馏技术

如果你听过武松打虎的故事，应该知道武松连喝了18碗酒都没醉。其实这是因为当时谷物酒的酒精度数不高。当时酿酒时，在泡米、蒸饭中加入酒曲后，只经过发酵、压榨两道工序就完成了，所以酒精度数很低。

宋朝时，在压榨之后又加了一道工序——蒸馏，这个技术使酒的口味变得浓烈了，我们今天的很多白酒都是蒸馏酒。

物理学告诉你

酒精的沸点低于水的沸点，把发酵的谷物放在火上煮，水还没有煮开，酒精就先挥发成了蒸汽；蒸汽遇冷，会变成小水珠，这些小水珠的酒精浓度更高；把小水珠收集起来，就是蒸馏酒。

这个人蹲在灶前，往炉里添柴，一边拿着吹火筒，随时准备向火炉内吹气，为蒸馏加热。

灶台上的装置，是早期蒸馏器。

西夏·酿酒图·榆林窟第3窟

这里是敦煌 世界文化遗产

工程技术·栈道

我是一个石匠

　　我本是一个采集石料的人,后来被政府征调过去修建道路。我所生活的年代,没有汽车、火车或飞机,串门或旅游基本靠走。你们知道,人类初期,旷野上并没有道路,全靠披荆斩棘一点点艰难开辟出来。到了秦汉时,道路修建得多了些,赶路容易了些,还修建了高难度的栈道。

悬在空中的路

　　很多地方悬崖如削,峭壁林立,为了翻山越岭,我们不得不在崖壁上开凿道路,这种道路就是栈道。栈道好像凌空的廊阁,所以也叫云阁、阁道、栈阁,在我看来,它就像"天桥",悬挂在高空。

承重的竖木

插入峭壁的横梁

怎么修建栈道

修建栈道需要很高的技术，先要在河中石底或峭壁上凿洞，洞是竖洞；然后插上竖木，就是一些立柱；之后，在峭壁上凿洞，插入横梁，让竖木支撑横梁。如果没有立柱支撑，过车时，会声响震梁，令人胆战心惊。对了，栈道的横梁上，要铺木板，固定木板时，可用石钉、木钉等。

"豪华版"栈道

由于栈道弯弯曲曲，细细窄窄，为了防止坠落，有的栈道上装了栏杆。还有的栈道搭着篷子，用来遮雨。

悄悄往下看一眼，啊，还是不要看了，让人头晕目眩……

把包裹扛在肩头，迈着小碎步，小心翼翼地挪动，虽然栈道有栏杆，也要万分小心。

为什么像螃蟹一样横着走路呢？因为下面就是急流险滩、万丈深渊。

敦煌壁画上的栈道，人们在小心走咯。

怎么对付大石块

在悬崖峭壁上修路，要清除挡路的大石块，怎么办呢？一般会用火烧岩石，再猛浇凉水，石块就裂开了！这是利用了热胀冷缩的原理。

历史学告诉你

楚汉争霸时，刘邦驻军巴蜀，为表明自己不会去夺取关中地区，烧掉了栈道。然而，不久，刘邦让人修复栈道，暗中却派人从别的道路偷袭陈仓，冉从陈仓借道，夺取了关中。这就是成语"明修栈道，暗度陈仓"的由来。

敦煌 这里是 世界文化遗产

工程技术·造桥

古老的梁桥

我也建过桥，以木梁桥最多。木梁桥相当于多个独木桥——独木桥是一根木头，走在上面容易摔倒或跌落，我们便把多个"独木"并排连起来，构成平坦的桥，这就是梁桥。有时，我们也会把圆木削成木板，再拼在一起。

史前时代，原始人踩在倒下的树木上或自然形成的石堆上，跨越河流或峡谷，这就是最早的桥。

你知道古人最初把桥叫什么吗？不是"桥"，而是"梁"。

静谧山林，绿树掩映，梁桥古朴，草庐雅致。

有一个问题不知你想过没有：桥身那么重，怎么才能将它支撑住呢？

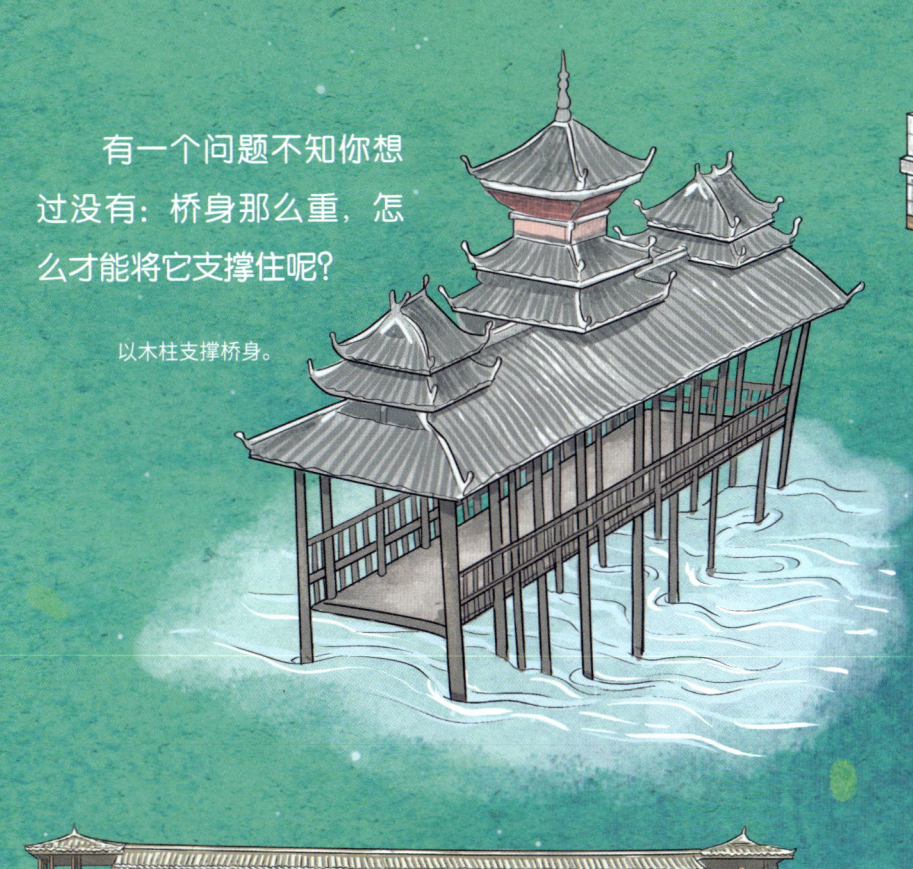

以木柱支撑桥身。

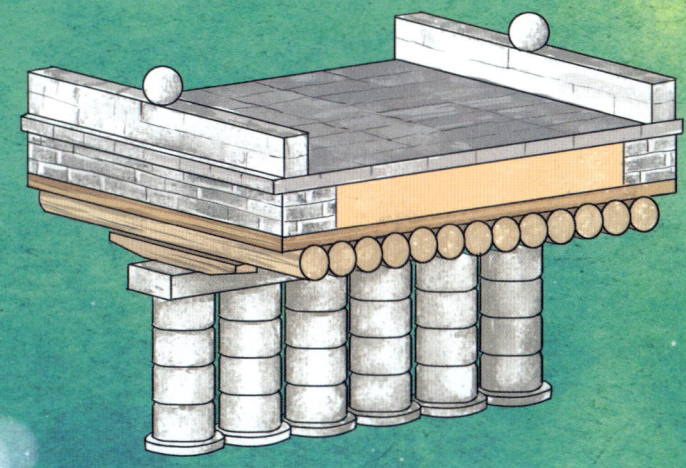

木柱在水中容易腐朽，可用石取代木，制成石墩木梁桥。

两岸遥远，中间用桥墩支撑，桥墩两侧的木头层层外挑，好像伸出的臂膀，承接桥身。

斜伸臂

双伸臂

两岸相对，不用桥墩，在两岸"伸臂"，承接桥身。

美丽的拱桥

拱桥很受我们喜爱,因为每一座拱桥都有优雅的圆弧,像彩虹一样美,还很稳定。对了,你平时熟悉的虹桥,就是一种拱桥。由于拱桥的拱是圆的、曲的,所以拱桥也叫曲桥。

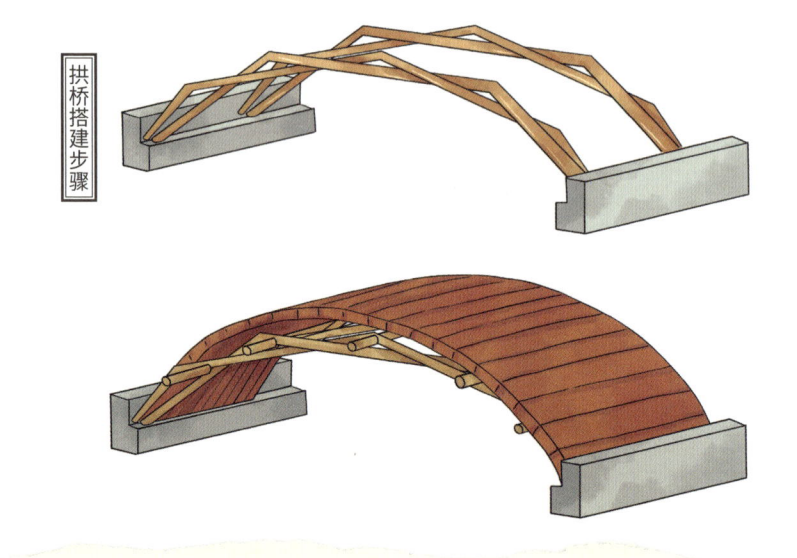

拱桥搭建步骤

编梁

物理学告诉你

拱桥怎么来承重呢?是这样的,桥面受到压力时,桥的拱可以将这个压力分散开,传递给相邻的拱,使所有的拱共同承担。

编梁

有的木拱桥会用到编梁技术,就像编织毛衣一样把木头编结在一起,使拱桥更结实稳固。

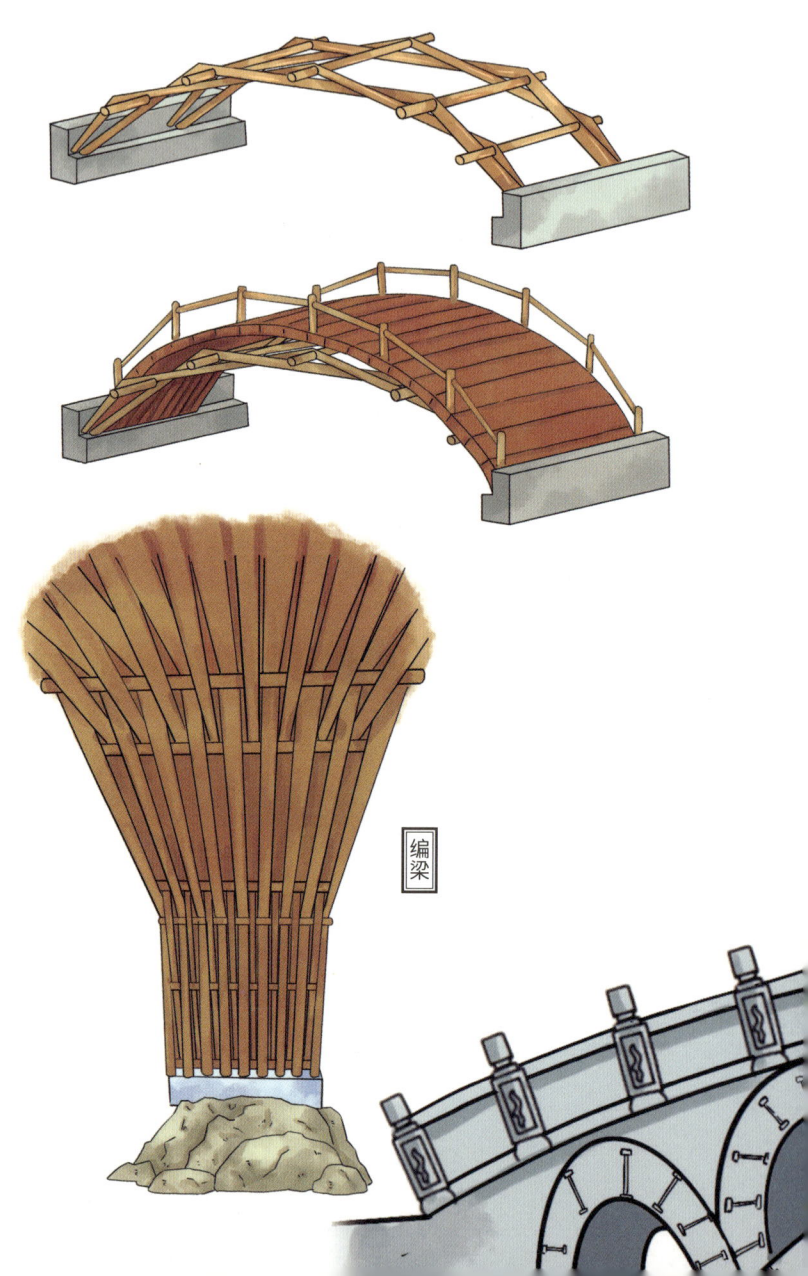

木拱桥在风吹雨打、车马踩踏中，容易损坏。古人又建造了更坚固的石拱桥。

三座彩楼并排伫立，远远望过去，连接它们的是两道"彩虹"。走近一看，哎呀，原来是架在半空的拱桥！

据说，虹桥是宋朝一个退休的狱卒发明的，画家张择端把它画到了《清明上河图》中。虹桥的桥面用一排圆木平铺过去，抗压强度倍增。

隋朝时，建筑师李春设计建造了赵州桥，是世界上跨度最大的单孔石拱桥，在1000多年的时光中，承受了多次地震和战争，依然屹立不倒。

这里是敦煌 世界文化遗产

工程技术·造船

我是一个船夫

我是一个老船夫的儿子,我的爷爷也是一个船夫,我们以渡船为生。我的船只是一艘简单的木船,但却让我不离不弃。我每天驾船往来于水上,看着云飞云落,心里非常满足。

树叶的启发

当你在河边漫步时,看到树叶悠然落在水上,树干顺流漂浮,你是不是有什么想法呢?我想,原始人一定是有想法的,他们可能对此惊奇不已,于是大胆地尝试,把树干或竹子并排扎在一起,放在水里,自己坐在上面,也能漂浮在水面了。这就是筏子。

孔子曾感叹："道不行，乘桴浮于海。"意思是：我的主张要是行不通，就坐个小筏子去海上漂流。"桴"就是小筏子。

水流平缓，木筏静静漂荡，人在其上，洒脱惬意。

物理学告诉你

树木为什么能漂浮呢？这是因为借助了水的浮力，树木的质量轻、密度比水小，所以不会沉没。所有的木船都运用了这个原理。

皮筏子

如果在筏子下面放上皮囊，会怎么样呢？将兽皮（如羊皮或牛皮）缝制好，充上气，做成气囊，因为空气的密度比水小，气囊充气后就能够在水上漂浮。这就是浮囊，一种皮船。

在黄河流域，有一种渡河工具叫羊皮筏子。一只羊皮筏子由12或13只充气皮囊组成，人们可借助它渡过汹涌的黄河。

河流湍急，水中散布着岩石。浮囊绕过岩石，穿梭水上。前方还有几多风浪？船夫沉着冷静，乘客默默祈祷。无论艰险几何，也要到达远方。

筏子的"遗憾"

筏子是多根木头或竹子的"组装版"，浮力很大，面积也很大，但它太"矮"了，当上面的人和东西多了，就会浸入水里。

这里是敦煌 世界文化遗产

独木舟诞生

原始人渐渐发现，树越粗大，承受的重量越大。他们还注意到，圆形的树干容易翻滚，人在上面不稳定。于是，他们把圆木掏空，做出了独木舟。独木舟的船舷比筏子高多了，即使吃水很深，也不会翻入水里。

刳（kū）木为舟

原始人是怎样把圆木掏空的呢？起先，他们是用石斧等工具。后来，他们发现火更好用。他们把木头上需要保留的部分涂上厚厚的湿泥巴，再用火把没有涂泥的地方烧焦，再用石斧砍掉，方法非常科学。

唐·摇橹帆船·莫高窟第323窟

春秋战国时，有人制造出了长达 11 米的独木舟，非常壮观。有的独木舟是方头方尾，有的是尖头方尾，还有的是尖头尖尾。今天的舰船就是从这些独木舟演变而来的。

独木舟的"进化版"

独木舟是一个伟大的发明,可是,因为它太"独"了,是一根木头制成的,长、宽、深都有限制,风浪一大,还容易进水,甚至翻船。于是,在 3000 多年前,有人为独木舟加装木板,制成了一种大船——木板船。

把榫(sǔn)钉插入榫眼或榫槽,进行榫接。

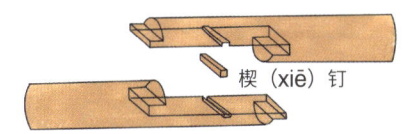

楔(xiē)钉

制作小木片或小木钉,进行楔接。

榫接和楔接

木板衔接的地方,用榫卯(mǎo)结构,还用到了小楔子,并用藤蔓、皮条等合在一起。船缝用草秆、麻丝、竹茹等填充得密不透风。

唐·东晋扬都金像出渚·煌莫高窟第 323 窟

方头平底船缓缓靠岸。船上宝幢飘飘,极尽华贵。

这部分壁画被美国人华尔纳用胶揭下、盗走,现在国外。

"抢手"的平底船

等到运河出现后,木板船大家族中的平底船脱颖而出。平底船"身板"宽大,即使在湍急险恶的水域,也能保持稳定。在浅水或多沙的水域,它也能依靠平底轻松驶过。不过它是一种"费劲儿"的船,靠岸时,需要纤夫拉动纤绳帮助停泊。

帆船问世了

木板船是造船技术史上的一个里程碑，但抗风力差，等到帆被发明后，木板船可以借助风力前进，地位更加显赫了。

物理学告诉你

顺风时，风推动船正常向前；逆风时，可以扭转帆的角度，使迎面而来的逆风分解成两个力，一个力往船的侧面，一个力往船头。侧面的力会被船吃水的阻力抵消，剩下一个船头的力，直接推动船向前行进。每隔一段时间，调整一次船帆的方向，可以使船在逆风里呈"之"字形快速前进。

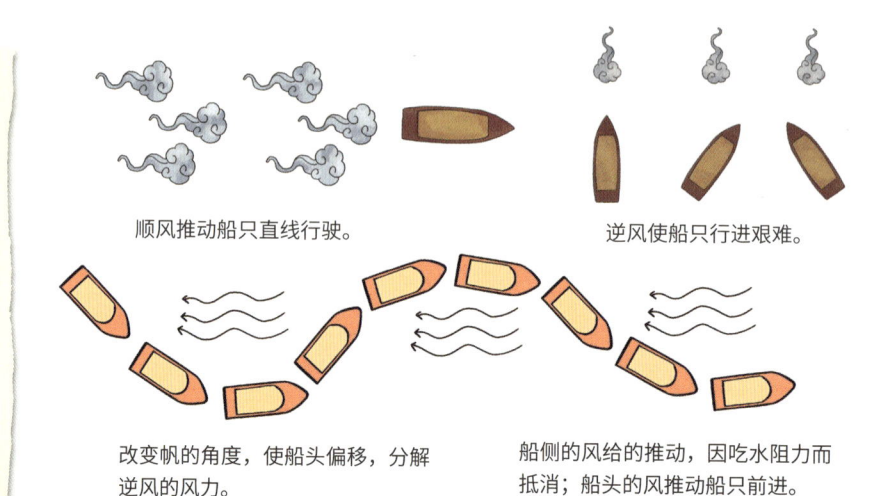

顺风推动船只直线行驶。

逆风使船只行进艰难。

改变帆的角度，使船头偏移，分解逆风的风力。

船侧的风给的推动，因吃水阻力而抵消；船头的风推动船只前进。

虽然有船帆的助力，撑篙和摇橹也很必要。

这位红袍先生，为什么站在船的中央、双手合十、凝视船帆呢，是在感谢风的帮助吗？

帆船乘风破浪，迎风展开的船帆被吹得鼓鼓的。

唐·观音救海难图·莫高窟 45 窟

帆的意义

帆看似不起眼，却是一个了不起的发明。它利用自然界的风力作为动力，不再受人力的局限，让船只可以建造得越来越大，为远航提供了可能。明朝时，郑和下西洋，所率船只都是豪华版大帆船。

> 听说有一种船长得很像我？
> 你是第888个好奇的燕子。
> 我带你去看！

双尾帆船

有一种船，我非常想跟你们展示一下。为什么呢？因为它"长"得极其好看，就像凌波而行的燕子一样。好吧，我直说吧。它就是双尾船。瞧瞧，双尾船"长"了两条尾巴！它可不是现在才发明的，早在春秋时期就出现了。当时，人们用木板把两只船接在一起，使船变得稳定，两只船各自保留自己的"尾巴"。到了唐朝时，人们又改装了一番，船上加楼阁，就成了双尾楼帆船。

唐·善友太子入海求宝图·莫高窟第231窟

> 风帆降落，船夫们歇息了。
> 和好友登上楼阁高处，观赏美景。兴奋地挥起了手，仿佛在吟诵诗篇。
> 水色湛蓝，双尾楼帆船静静漂荡。

青庐也是双尾船的"标配"哦。

物理学告诉你

双尾船为什么稳定性好？当船行驶在水面时，会造成尾流，让船摇晃。而双尾船与水的接触面积大，还是平底，出现的尾流会很平缓。

工程技术·造车

我是一个驭手

我是一个驾驭马车的人,人们叫我驭手、御者、车夫等,就是司机。古代没有汽车、飞机、高铁、电动车……出行基本都是徒步,或者坐马车、牛车等。传说黄帝时代就发明了车,我们是世界上用车最早的人!

夏朝时有"牧正"和"车正"的官职。牧正主管驯养、牧放马牛,车正主管制造、使用战车和运输车等。他们堪称中国最早的交通管理员。

单辕车

最早的车是木头做的,为单辕车。"辕"是指车前驾牲畜的木头,单辕车的车辕是一根弯曲的木头,需要两匹马或四匹马系驾,也有用六匹马的。

物理学告诉你

单辕车只有一根辕,辕相当于一个支点,只有两边放相同数量的马,才能保持平衡。

唐·独辀四驾马车·莫高窟第148窟

还插着小旗子，隆重而华丽！

瞧，车厢上竖着华丽的伞幢（chuáng），可以遮挡阳光，相当于遮阳伞。

四匹马驾驶的单辀车，太拉风了。

严格的要求

战国时，车还是稀罕物，一个国家车的多少、好坏，一般标志着这个国家的实力。战国人非常重视车，做出了很多符合科学原理的规定。

战国造车标准：车轮正圆形，以尽量少地接触地面，使速度加快；轮子做好后，要放在水里，看看各部分浮沉是不是一样，以此确定各个部分是否均衡；两个轮子的大小、轻重，必须完全一样；轮子的直径要不大不小，如果太大，人上下车不方便；如果太小，马拉起来很吃力。

双辕车

单辕车很神气，可是，拉它的牛马太多了，浪费、麻烦，还不好驾驭。等到汉朝时，单辕车没落了，双辕车崛起。双辕车的车前有两根木头，木头还是直的。最重要的是，只需要一匹马拉！几乎人人都能驾驶。

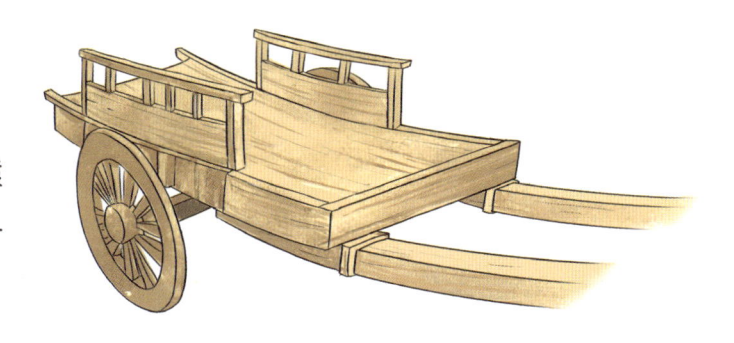

车子为什么是两个轮子

有一个有趣的问题，不知道你注意到了没有，那就是，为什么古代马车大多只有两个轮子？这是因为当时的拐弯技术还不成熟，道路也多为坎坷崎岖的土路，车子难行，所以，四轮车很少。

建筑·传统木结构

我是一个木工首

我是一个干木匠活儿的头头儿,被称为木工首。我带领小伙伴们盖过很多房子,都是木结构建筑。你知道吗?没有木结构,就没有辉煌独特的古代建筑。

六七千年前,河姆渡人建了树屋,之后,建成了正式的干栏式房屋,上层住人,下层养动物,可以隔水隔潮,防止蛇虫野兽侵袭,还能抗风、抗地震。

屋顶木构架
上层木构架
下层木构架

"间"是什么意思

你知道"间"是怎么回事吗?在木结构建筑中,4根柱子围成的空间,叫"间",和你认为的房间不一样。

在古代，开间越多，等级越高，故宫太和殿是 11 开间，为现存等级最高的木构古建筑。

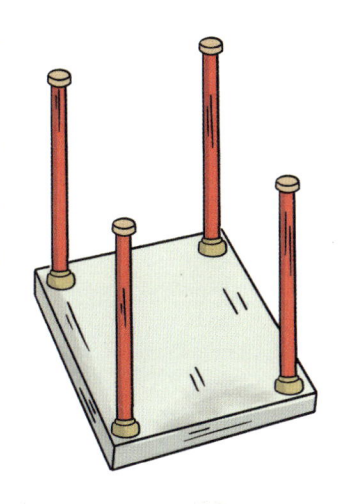

下图为五台山佛光寺大雄宝殿局部，唐朝所建，现存最古老的木结构建筑，梁思成绘制。

屋顶：牢固的三角形。

梁：听说过"挑大梁"吗？梁为房屋承重，十分重要。

叉手：人字形木构件，承担着屋脊，是中国现存的唯一实例。

柱：承担梁和屋顶的主力，有"顶天立地"的架势。

斗拱：承上启下的木构件。

柱础：垫在柱子下的石墩儿。

建筑学告诉你

斗拱由斗和拱构成，斗上嵌拱，拱上嵌斗，层层叠叠，美如出岫之云。这种结构有弹性、抗压、防震，把它安装在柱和梁之间，梁不容易折断。

600 多岁的北京故宫，堪称彩绘斗拱博物馆。彩色颜料含有的矿物质可以驱走虫蚁，胶质也防水，是木构件的"保护色"。如果你去故宫游玩，记得找找它哦。

建筑学告诉你

木结构建筑的各个木构件，大多用榫卯结构连接。榫，凸起的部分；卯，凹陷的部分。榫卯嵌在一起，不用钉子。

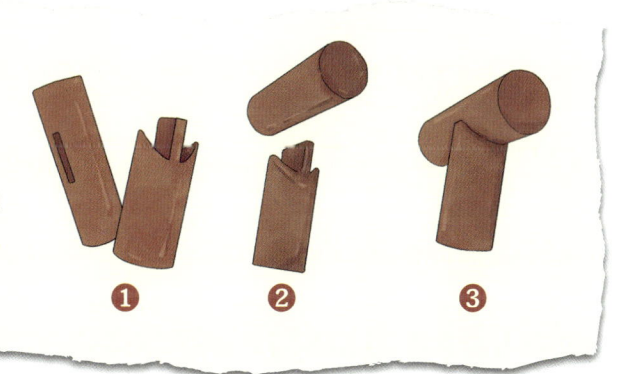

❶ ❷ ❸

你知道为什么"墙倒屋不塌"吗？木构架就像房屋的骨架一样，只要骨架没问题，哪怕墙倒了，房屋也屹立不倒。

57

这里是敦煌

世界文化遗产

两个人在房梁上安装叉手，房屋的"骨骼"（木构架）已经搭起来啦。

回廊曲曲折折，把院落连接起来，也能把庭院分隔成几个区间，还可遮阳挡雨。

屋脊上的东西是什么？可能是一位仙人，也可能是传说中人面鸟身的频伽（pín qié）。

望柱就是栏杆柱，多为莲瓣头、石榴头等，花纹繁复精美。

鸱尾又叫鸱（chī）吻、鸱尾、螭（chī）吻等，是出镜率最高的脊兽，传说为龙之子，喜欢在险要的地方东张西望，也喜欢吞火，放它在屋脊，寓意防火。它的嘴巴里还暗藏着避雷针。

木塔的屋顶为四角攒尖，精巧玲珑。古代还有圆形攒尖、三角攒尖、八角攒尖等。

用直棂条竖着排列的窗，叫直棂窗，不能打开。古代除直棂窗，还有槛窗、支摘窗、漏窗等。

石基深深"扎根"在地下或水下，高出地面一截，是房屋的底座，还能隔绝地下的潮气。

唐朝木构件线图，梁思成绘。

五代·五台山地图·莫高窟第61窟

藻井

在木结构等建筑中,有一个非常美丽的构件,叫藻井。它"高居"在屋内的顶端,用斗拱承托。

敦煌莫高窟现存的 492 个有壁画、塑像的洞窟中,有 420 个洞窟饰有藻井。很多藻井上都画着莲花,因为古人喜爱"莲之出淤泥而不染","莲"也是净土的象征。加上藻井像一个伞盖,象征崇高的天宇,非常神圣,所以,只能用在宗教建筑、帝王建筑中。

井与水有关,藻井上常绘有莲、荷、菱、藻等水生植物,古人也希望它能压伏火魔,防止木建筑着火。

莲花三兔藻井: 藻井中不仅有莲花等植物图案,还有兔子等动物图案,比如"莲花三兔藻井"。在莲花的中心有三只奔跑的兔子,隋朝画家把其中两只兔子的一只耳朵重叠,造成了"两只兔子共用一耳"的视觉幻象,使其宛如莲心,搭配莲花周围飞舞的飞天,仿佛莲花也跟着旋转起来了。其实,"三兔"本应是"三羊开泰"的"三羊",因为隋朝皇帝姓杨,"杨"与"羊"同音,古人出于避讳,便把"羊"画成了"兔"。另外,佛教中还有一个"兔本生"的故事,讲述了一只慈悲的兔子,为了救活他人,不惜牺牲自己,因此,被护法神送入月亮,光照人间。

隋·莲花三兔藻井·莫高窟第 407 窟

藻井的图案独具匠心，充满创意，是敦煌图案中的精华之一，它只能用于尊贵的建筑物，如神佛或帝王的宝座顶上。唐朝时，朝廷还下令，不是王公的房屋，禁止使用重拱藻井。

藻井高高占据石窟顶部，堪称"最美天花板"。由于很少受风沙和恶劣环境的损坏，人为的干扰也很少，藻井得以幸存到今天。

农具·曲辕犁

敦煌这里是 世界文化遗产

> 我是一个耕夫

我是一个农民,住在敦煌城外,以耕作为生。农耕在史前时代就开始了,原始人偶然发现植物种子落到土里还能生根发芽,就开始主动驯化植物,把植物变成粮食,农耕就这样开始了。

如果你有机会坐上时光机,来到唐代的敦煌,你会发现,你能吃到各种各样的面食,因为这里主要种植小麦。大米非常少,只有贵族的餐桌上才有。

犁的进化

"谁知盘中餐,粒粒皆辛苦",不用我说你也明白,耕地是个辛苦的活儿。为了让种地能轻松点儿,我们的前辈发明了犁。犁的底部有一个"小铲子",牛拉着犁前进时,"小铲子"就在下面翻土,让泥土松软,使种子有一个舒适的"家"。

直辕犁

曲辕犁

最先出现的是直辕犁，辕又直又长，身架笨重，两头牛一起拉也很吃力，拐弯也不灵活。到了我们大唐王朝，出现了一种更为先进的犁——曲辕犁。

你听过"二牛抬杠"吗？二牛是吵架拌嘴，还是打架动武呢？都不是。这是一种挽套方式：两头牛一起用脖子架起一根横杠，一起拉动后面的犁，它们不仅没有起冲突，反而融洽、默契。

唐·耕作图·榆林窟第25窟

曲辕犁的辕短一些，而且，向下弯曲，"小铲子"设计成V字形，能让犁用起来更省力，提高了耕地的效率。

犁底部的"小铲子"，最早是由石头打磨而成，之后使用青铜制造。可是，石头不够硬，青铜又贵，于是，人们用又硬又便宜的铁制作这个"小铲子"。

乌云密布，电闪雷鸣，淅沥沥，哗啦啦……春雨哗哗而下。

妇人带着食盒，到田里给丈夫和儿子送饭。

人们不急着躲雨，牛也不慌不忙，继续耕田。

一家三口坐在树下，丈夫和儿子捧着碗大口吃起来，好香啊。

唐·雨中耕作图·莫高窟第23窟

农具·三脚耧 桔槔

用什么撒下种子

听说，现在有些孩子不知道粮食是怎么种出来的，那我就来讲两句吧。种地是需要工具的，比如，播种也不完全用手撒，也都有工具，虽然工具其貌不扬，却是给力的助手。

> 不带人，不拉货，只让种子做乘客。你猜，这是什么工具？

> 我知道，是无人机！

三脚耧（lóu）

你们现在能用无人机播种，在2000多年前的汉代，有一种播种工具也不错。一个叫赵过的人发明了三脚耧，牛拉着耧车，就能自动播种了。

> 明明是三脚耧，我都知道。

只有一只脚的耧车，叫一脚耧，一次只能播一行。也有二脚耧，一次能播两行。三脚耧一次能播三行。16世纪，欧洲出现了类似中国耧车的播种机器，比中国晚了1000多年。

三脚耧是怎么自动播种的呢？先看它的长相，有点儿像犁，它也真能"兼职"干犁的活儿。耧车的架子上有一个小匣子，是专供尊贵的种子乘坐的"车厢"——耧斗。耧斗的底部有小孔，耧车前进时，会将耕地犁开一道道沟，种子就从小孔漏到沟里，这样就完成了自动播种。

用什么灌溉

很久以前，没有自来水，没有智能灌溉系统，人们用的是水井。平日用水时，要把系着绳子的空桶扔下井，取满水再提上来。可是，如果灌溉大片农田，这种提水方式太费力、费时了，于是，春秋时期，开始流行一种新工具，它就是桔槔（jié gāo）。

桔槔长什么样子

桔槔是在一根竖直的木桩上，加一根横杆，横杆的一头系着水桶，另一头绑大石块。取水时，把水桶放入水中，水桶装满后，大石块下坠，就把桶提上来了。

隋·造井·莫高窟第302窟

物理学告诉你

桔槔应用了杠杆原理，竖桩和横杆的接触点是支点。跷跷板可以跷起来、落下去，也是因为杠杆原理在起作用。

古希腊哲学家阿基米德说："给我一个支点，我可以撬起整个地球。"你以为他在吹牛吗？他说的其实是杠杆原理。

充满智慧的灌溉工具

戽斗

翻车（龙骨水车）

筒车

这里是敦煌 世界文化遗产

农具·连枷 碓

用什么脱粒

收获啦!割下来的谷物堆在场上。谷物一穗一穗的,籽粒紧紧抱在一起,该怎么把它们弄下来呢?连枷(jiā)是个好帮手,它能让谷粒从穗上脱离下来。

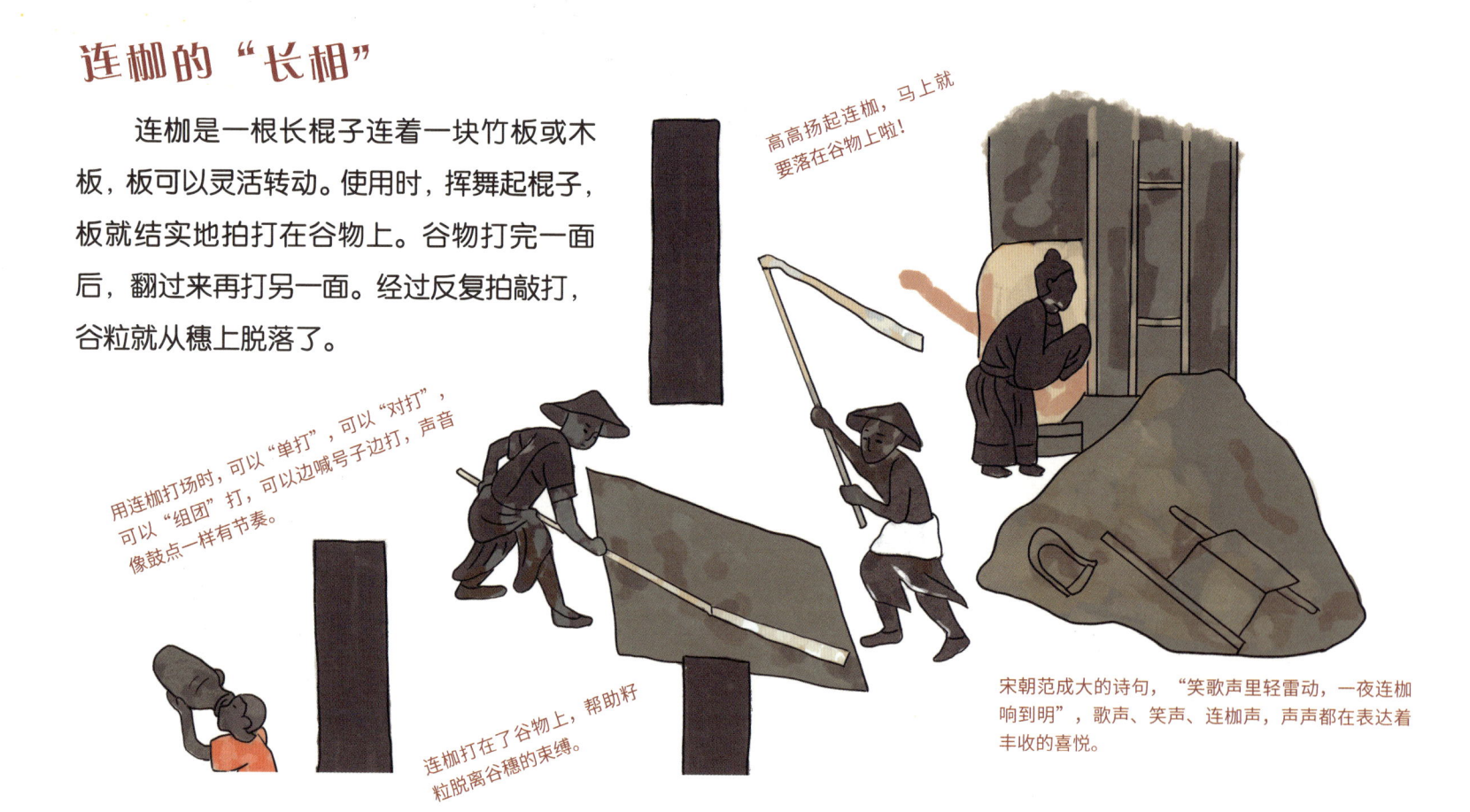

连枷的"长相"

连枷是一根长棍子连着一块竹板或木板,板可以灵活转动。使用时,挥舞起棍子,板就结实地拍打在谷物上。谷物打完一面后,翻过来再打另一面。经过反复拍敲打,谷粒就从穗上脱落了。

用连枷打场时,可以"单打",可以"对打",可以"组团"打,可以边喊号子边打,声音像鼓点一样有节奏。

高高扬起连枷,马上就要落在谷物上啦!

连枷打在了谷物上,帮助籽粒脱离谷穗的束缚。

宋朝范成大的诗句,"笑歌声里轻雷动,一夜连枷响到明",歌声、笑声、连枷声,声声都在表达着丰收的喜悦。

籽粒们脱离了谷穗，但还有壳的束缚。用什么去壳呢？汉朝人曾发明一种叫碓（duì）的工具，使用时，要用脚来踩踏，叫踏碓。

西夏·踏碓·榆林窟第3窟

脚踩踏板，踏碓开始了。

"铁杵磨成针"故事里的"杵"，就是捶捣工具。

在碓被发明以前，古人就像玉兔捣药一样抱着一根杵棒，费力地捶捣谷物，十分劳累。这叫舂（chōng）米。

石磨也能给谷物脱壳。石磨由两块大圆石组成，上面的圆石有一个孔，把谷物放进孔里，推动磨盘，谷物落在两层圆石中间，在摩擦力、碾压力下，壳就被磨掉了，也能磨成面粉。

物理学告诉你

不得不说，古人对杠杆原理的运用可谓炉火纯青。碓也是杠杆原理的产物。当脚踩在碓的踏板上时，碓头会翘起来，松脚后，碓头重重落在稻谷上，在反复击打下，谷壳就绽裂开了。

我想送一个碓给捣药的玉兔，你觉得呢？

我觉得，捣月饼馅一定好吃！

织造·印染

敦煌这里是世界文化遗产

> 我是一个织女

我是一个常年纺织的女子,在我们古代,耕织是最重要的事情,"耕"能让人吃饱饭,"织"能让人有衣穿。所以,多数女性的织造技术都很棒。

踞(jù)织腰机

史前时代,原始人发现,麻类等植物的纤维很柔韧,于是就用它们来制作衣服。后来,他们发明了踞织腰机,使纺织技术进入了新阶段。

踞织腰机发明于六七千年前,"踞"是蹲坐的意思,"腰机"是指织机没有机架,要系在腰上,借助腰把丝线绷平。今天,腰机仍未"退休"。

不断进步的纺机

有了腰机"打头阵",很快,各种纺车,如手摇纺车、脚踏纺车、提花机等都开始出现了。手摇纺车很简单,一摇手柄,轮子带动锭盘转起来,就把麻纺成细细的线了。纺车也能给蚕茧抽丝。

敦煌出土的文献中有关于"楼机"的记载,有学者认为,"楼机"就是一种提花机。

物理学告诉你

脚踏织机利用了杠杆原理,当脚踩着踏板时,就能控制织机工作了,双手也被解放出来。

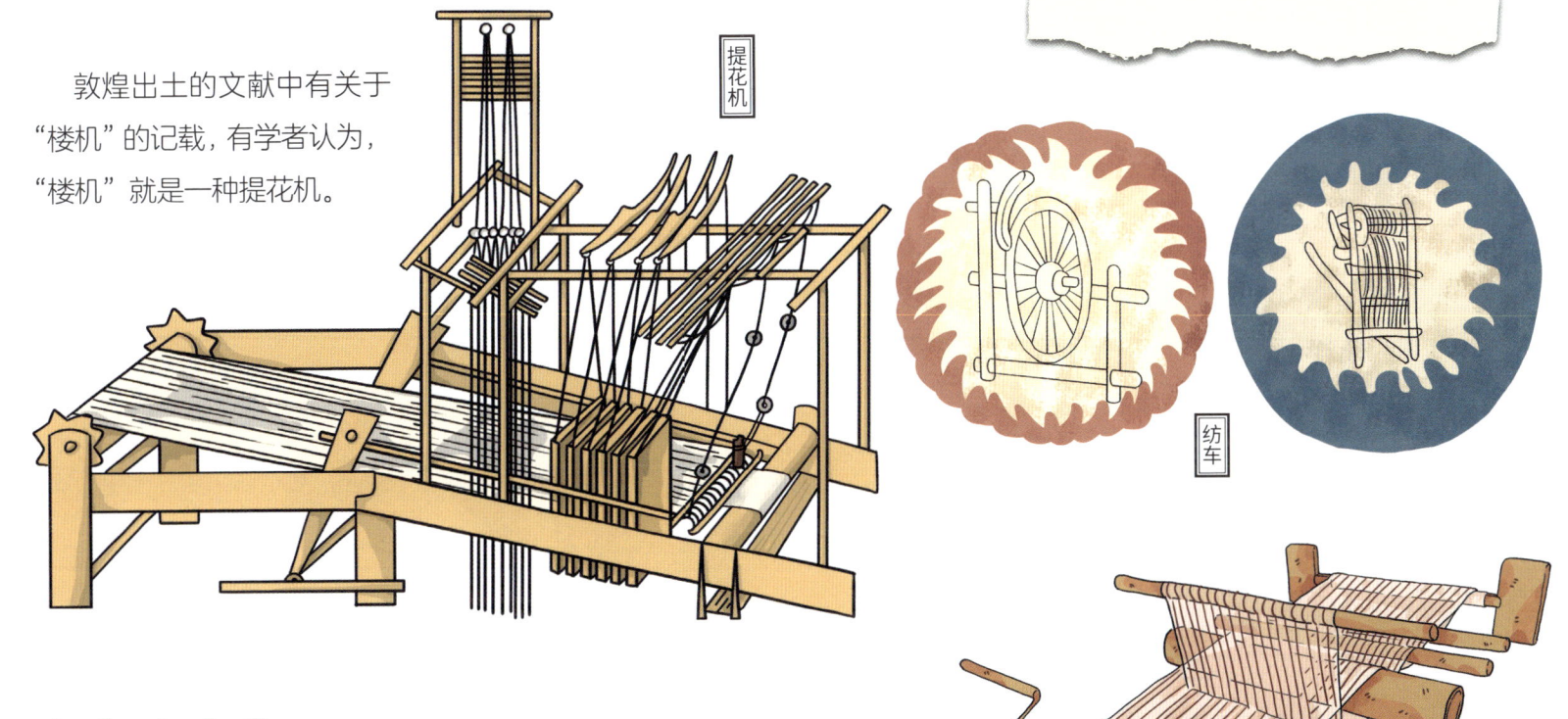

提花机

纺车

织机

纬线和经线

如果你对织机的工作不了解,那么,可以仔细看下自己身上的衣服纹理,那些横着的线,叫纬线,竖着的线,叫经线,纬线和经线交织在一起,细细密密,有条不紊,才构成了你衣服的布,而布就是织机一根线一根线地织在一起的。

多种多样的纺织品

虽然我的家——敦煌是一个遥远的边陲之地，但我们织造出来的纺织品仍然很丰富，中原有的丝、麻、棉、毛等我们也都有。

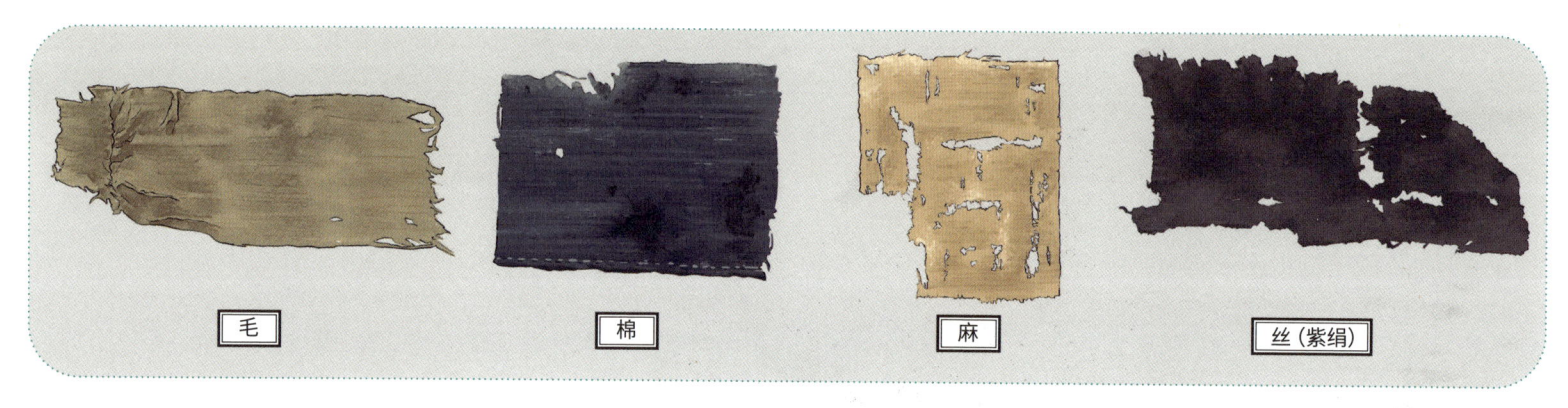

毛　　棉　　麻　　丝（紫绢）

提炼植物染料

我们都有爱美之心，织造出的衣服、旗幡（fān）等常用植物的花、叶、根……染色，即使日晒水洗，也不易褪色。

幡是长条形旗子。用绢制作的幡，还保持着千年前的颜色。

用绮（qǐ）制作的幡，明丽如初。绮是有花纹的丝织品。

莫高窟出土纺织品

使用了植物染色技术的幡。

我们常用的植物有红花、茜草、苏木等，它们能染出红色；还有槐米、黄檗、黄栌等，它们能染出黄色；我也常用紫草染出紫色，用蓝草制成液体靛青，染出蓝色，用橡子、五倍子、栗子壳等染出黑色。

最神奇的是，我把黄色染料和靛青套染，能得到绿色，把黄色染料和苏木套染，能得到橙色，就像变戏法一样。

新疆吐鲁番曾出土唐代丝织物，色谱分析显示，仅是绿色就有胡绿、豆绿、叶绿、果绿、墨绿等。在1834年法国发明印花机之前，我国的手工印染技术世界第一。

图书在版编目（CIP）数据

这里是敦煌. 2 / 文小通著. — 北京：文化发展出版社，2023.9
 ISBN 978-7-5142-3945-4

Ⅰ. ①这… Ⅱ. ①文… Ⅲ. ①敦煌学-少儿读物 Ⅳ. ①K870.6-49

中国国家版本馆CIP数据核字(2023)第048530号

这里是敦煌 2

作　　者：文小通

出 版 人：宋　娜		责任印制：杨　骏	
责任编辑：肖润征		责任校对：侯　娜	
特约编辑：鲍志娇		封面设计：于沧海	

出版发行：文化发展出版社（北京市翠微路2号 邮编：100036）
网　　址：www.wenhuafazhan.com
经　　销：全国新华书店
印　　刷：河北朗祥印刷有限公司

开　　本：889mm×1194mm　1/16
字　　数：90千字
印　　张：12.5
版　　次：2023年9月第1版
印　　次：2023年9月第1次印刷

定　　价：129.00元（全3册）
ＩＳＢＮ：978-7-5142-3945-4

◆ 如有印装质量问题，请电话联系：010-68567015